조각조각 스티커

스티커컬러링

명화 FAMOUS PAINTINGS

애플비
applebeebooks

차례

몇백 년이 흘러도 계속 사랑받는 명화들에는 어떤 비밀과
아름다움이 담겨 있을까요? 스티커를 붙이며 감상해 보세요.

진주 귀걸이를 한 소녀 — 4쪽 (60조각)

아델레 블로흐 바우어의 초상 I — 6쪽 (60조각)

이카로스 — 8쪽 (70조각)

피아노 치는 소녀들 — 10쪽 (70조각)

사과와 오렌지 — 12쪽 (70조각)

밤의 카페테라스 — 14쪽 (75조각)

이렇게 붙여요.

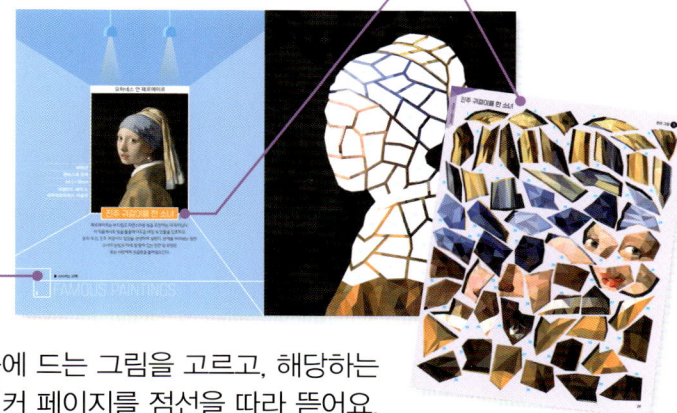
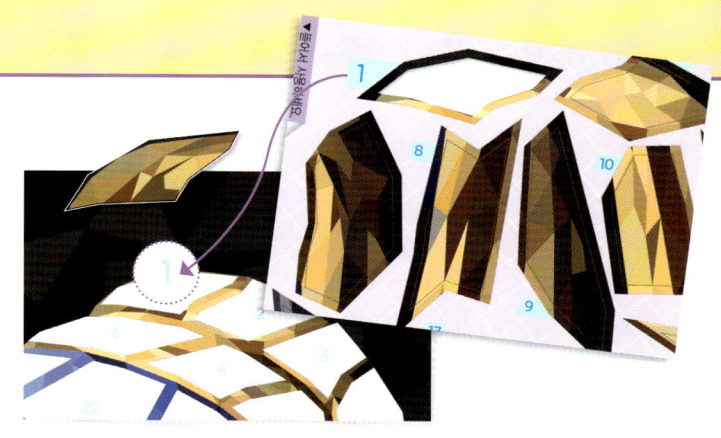

진주 귀걸이를 한 소녀

▶ 스티커는 29쪽

1. 마음에 드는 그림을 고르고, 해당하는 스티커 페이지를 점선을 따라 뜯어요.

2. 그림의 숫자를 잘 보고 스티커 페이지에서 똑같은 숫자를 찾아 그림에 붙여요.

75조각

파란 안락의자에 앉아 있는 소녀　16쪽

80조각

모란이 든 꽃병　18쪽

80조각

퐁파두르 부인의 초상　20쪽

85조각

그랑드자트섬의 일요일 오후　22쪽

90조각

베르툼누스 (루돌프 2세)　24쪽

90조각

황도 12궁　26쪽

요하네스 얀 페르메이르

1665년
캔버스에 유채
44.5×39cm
네덜란드 헤이그,
마우리츠하위스 미술관

진주 귀걸이를 한 소녀

페르메이르는 부드럽고 자연스러운 빛을 표현하는 데 뛰어났다.
이 작품에서도 빛을 활용해 어두운 배경 속 인물을 강조하고,
옷과 두건, 진주 귀걸이의 질감을 생생하게 살렸다. 관객을 바라보는 듯한
소녀의 눈빛과 자세, 할 말이 있는 듯한 입 모양은
보는 사람에게 궁금증을 불러일으킨다.

▶ 스티커는 29쪽

FAMOUS PAINTINGS

구스타프 클림트

1907년
캔버스에 유채와 금, 은
140×140cm
미국 뉴욕, 노이에 갤러리

아델레 블로흐 바우어의 초상 I

클림트의 작품은 독특한 화면 구성과 화려한 장식으로 사람들의 시선을 사로잡는다. 이 작품은 여인의 얼굴과 어깨, 손 부분은 유화 기법으로 그리고 나머지는 금박, 은박을 붙여 구성하였다. 이러한 배치로 인물이 더욱 돋보이는 찬란한 황금빛 그림이 완성되었다.

▶ 스티커는 31쪽

FAMOUS PAINTINGS

앙리 마티스

1946년
콜라주
43.4×34.1cm
프랑스 파리,
조르주 퐁피두 센터

이카로스

마티스는 다채로운 색을 과감히 사용하여 '색채의 마술사'라 불린다. 말년에 병에 걸려 몸이 불편해지자 구아슈로 칠한 종이를 가위로 오려 붙이는 기법을 발전시켜 자신만의 예술을 이어 나갔다. 이카로스는 밀랍으로 붙인 날개를 달고 하늘을 날다 태양에 너무 가까이 가는 바람에 밀랍이 녹아 추락하고 마는 신화 속 인물이다. 인간의 욕망과 동시에 동경심을 상징하는 이카로스를 밝은 색채와 생동감 넘치는 형태로 간결하게 표현하였다.

▶ 스티커는 33쪽

FAMOUS PAINTINGS

피에르 오귀스트 르누아르

1892년
캔버스에 유채
116×90cm
프랑스 파리, 오르세 미술관

피아노 치는 소녀들

인상주의는 빛의 변화에 따라 다르게 보이는 순간적인 인상을 표현하기 위해 노력한 미술 사조이다. 르누아르는 인상주의를 대표하는 화가로, 소소하고 따뜻한 일상을 부드럽고 섬세하게 표현하였다. 피아노 앞에 앉아 한 음 한 음 짚어 가며 연주하는 금발 소녀와 악보를 함께 보는 갈색 머리 소녀의 다정한 모습에서 평범하고 평화로운 하루의 아름다움을 만끽할 수 있다.

▶ 스티커는 35쪽

FAMOUS PAINTINGS

사과와 오렌지

폴 세잔

1899년
캔버스에 유채
74 × 93cm
프랑스 파리, 오르세 미술관

세잔은 "사과로 파리를 놀라게 하겠다"는 말도 유명할 만큼 사과를 많이 그렸다. 그의 정물화는 하나의 그림 속에 여러 가지 사물들을 각기 다른 시점에서 그려 놓았기에 생생하지 않다. 기존의 틀을 깨면서도 놀랍도록 안정적인 균형을 만들어 냈기 때문이다. 그의 그림은 피카소와 마티스 등 근대 미술을 이끄는 많은 화가들에게 큰 영감을 주었다.

FAMOUS PAINTINGS

▶ 스티커는 37쪽

12

빈센트 반 고흐

1888년
캔버스에 유채
80.7×65.3cm
네덜란드 오텔로,
크뢸러 뮐러 미술관

밤의 카페테라스

고흐만의 강한 붓 터치와 환한 색감이 우리에게 강렬한 인상을 남긴다.
검은 물감을 사용하지 않고도 밤을 표현한 이 그림에는 밤하늘에 대한 그의
애정이 묻어 있는 듯하다. 카페테라스의 가스등에서 번져 나온 불빛은
차양과 사람들을 노랗게 물들이고, 푸른 밤하늘과 배경의 건물들은 환한 카페와
대비를 이루며 아름다운 밤의 정서를 전달하고 있다.

▶ 스티커는 39쪽

FAMOUS PAINTINGS

파란 안락의자에 앉아 있는 소녀

메리 커샛

1878년
캔버스에 유채
89.5×129.8cm
미국 워싱턴, 국립 미술관

메리 커샛은 어머니와 아이들을 많이 그린 인상주의 여성 화가이다. 진취적이고 모험적인 성격으로 당시 남성 중심이었던 미술계에서 여성이 시선을 담은 작품 활동을 꾸준히 이어갔다. 이 작품 속 아이의 뿐만 표정과 지루한 듯 늘어진 자세는 시대를 뛰어넘어 많은 사람들의 미소와 공감을 불러일으킨다. 부드럽고 섬세한 색조로 나른한 아이의 시간을 자연스럽게 표현하였다.

FAMOUS PAINTINGS

▶ 스티커는 41쪽

클로드 모네

1882년
캔버스에 유채
100×81cm
개인 소장

모란이 든 꽃병

인상주의의 대가 모네는 빛을 받은 자연의 한순간을 포착해 아름답게 그려 낸 화가이다. 그가 그린 정물화 <모란이 든 꽃병> 역시 그만의 화사한 색감과 빠른 붓 터치로 독특한 분위기를 자아낸다. 화려한 꽃송이와 떨어진 꽃잎들이 향기를 가득 머금은 듯이 생생하다.

▶ 스티커는 43쪽

FAMOUS PAINTINGS

프랑수아 부셰

1756년
캔버스에 유채
205×161cm
독일 뮌헨,
알테 피나코테크

퐁파두르 부인의 초상

로코코를 대표하는 화가 프랑수아 부셰가 그린 퐁파두르 부인이다. 그녀는 프랑스 왕 루이 15세의 정부이자 정치적 파트너로 당시 왕실에서 큰 권력을 누렸다. 또, 부셰를 포함한 많은 예술가를 후원하여 프랑스 예술을 정점으로 끌어올렸다. 그림 속의 부인은 정교한 장식의 드레스를 입고 책, 편지, 악보 등에 둘러싸여 있어 아름답고 지적인 분위기를 풍긴다.

▶ 스티커는 45쪽

그랑드자트섬의 일요일 오후

조르주 피에르 쇠라

1884년~1886년
캔버스에 유채
207.5×308.1cm
미국 시카고 시카고 미술관

쇠라는 인상주의에서 중요하게 다루던 빛을 더 맑고 선명한 색감으로 표현하고자 했다. 그래서 무수히 많은 원색의 작은 점을 찍는 점묘법으로 그림을 그렸다. 따뜻하고 온화한 일요일 오후의 일상이 점묘법을 만나 고운 모래처럼 부드럽게 표현되었다. 쇠라의 화풍이 가장 잘 드러나는 대표작이다.

▶ 스티커는 47쪽

주세페 아르침볼도

1590년
목판에 유채
68×56cm
스웨덴 스코클로스터,
스코클로스터 성

베르툼누스 (루돌프 2세)

아르침볼도는 궁정 화가로 일하며 초상화를 그렸다.
그는 전통적인 초상화와 달리 식물, 동물, 사물들을 조합해 사람을 표현했는데,
<베르툼누스>에서는 모든 계절의 과일과 채소, 꽃을 조합하여
황제의 모습을 그려 냈다. 황제 루돌프 2세를 식물의 성장과 계절 변화의 신인
'베르툼누스'에 비유한 것으로, 그의 권력이 자연에까지 닿아 풍성한 농작물을
수확했다는 칭송이 담겨 있다.

▶ 스티커는 49쪽

FAMOUS PAINTINGS

알폰스 무하

1896년
다색 석판화
65.7×48.2cm
체코 프라하, 무하 박물관

황도 12궁

무하의 감각적인 프레임과 장식적이고 화려한 인물들은 많은 사람의 이목을 끌었고 그의 스타일은 오늘날 일러스트레이션의 효시로 여겨지기도 한다. 이 그림은 무하가 달력용으로 그린 것으로, 이후 다량 인쇄해 포스터로도 판매하였다. 황도 12궁은 12개의 별자리를 뜻하는 말로, 여인의 뒤쪽 배경에 그려진 동그란 황도대에 각 별자리가 기호와 함께 그려져 있다.

▶ 스티커는 51쪽

FAMOUS PAINTINGS

더 쉽고 멋지게 즐기는 Tip!

1 숫자 순서대로 스티커를 한 장씩 떼어 차례대로 붙이면 마음도 더욱 차분해지고 그림도 쉽게 완성할 수 있어요.

2 스티커 핀셋을 이용해 스티커를 떼어 내고, 그림에 붙이면 더 쉬워요.

멋진 작품을 감상할 준비됐나요?

아델레 블로흐 바우어의 초상 I

본문 그림 7쪽

피아노 치는 소녀들

밤의 카페테라스

본문 그림 **15**쪽

파란 안락의자에 앉아 있는 소녀

모란이 든 꽃병

본문 그림 19쪽

그랑드자트섬의 일요일 오후

본문 그림 23쪽